Kleine Snacks für lange Nächte

igloobooks

Deutsche Erstausgabe 2017
Igloo Books Ltd
Cottage Farm
Sywell
NN6 0BJ

Bildnachweis: Umschlag Vorderseite: tl, cl, bl © StockFood UK, bc, br © PhotoCuisine UK
Umschlag Rückseite: tr, cl © PhotoCuisine UK
Alle weiteren Bilder: © Thinkstock / Getty
Vorsatz vorne: tl, tr, bl, br; Vorsatz hinten: tl, tr, bl, br © PhotoCuisine UK
Vorsatz alle weiteren Bilder © Thinkstock / Getty

LEO002 0117
2 4 6 8 10 9 7 5 3 1
ISBN 978-1-78670-410-8

Aus dem Englischen von Stefan Hirzel
Lektorat & Satz: G & R Vilnius, Litauen

Gedruckt und hergestellt in China

Inhalt

Einführung

Das Wochenende ist der perfekte Zeitpunkt, um etwas Neues auszuprobieren. Kochen Sie doch mal ein leckeres Essen und läuten das Wochenende mit Ihren Freunden oder Ihrer Familie kulinarisch ein!

Auch ohne viel Zeit für die Zubereitung exotischer Mahlzeiten aufzuwenden, kann Ihr Speiseplan abwechslungsreich und spannend werden. Sie müssen keine Weltreise machen, um sich neue Kochanregungen zu holen – das funktioniert auch in Ihrer eigenen Küche!

In diesem Buch lernen Sie klassische Gerichte aus der ganzen Welt kennen und zu Hause nachzukochen – perfekt für einen schnellen Snack! Entdecken Sie einfache und köstliche Rezepte – von der aromatischen japanischen und thailändischen Küche über die Gewürze des Orients bis hin zu den traditionellen europäischen Gerichten und nordamerikanischen Klassikern. Und auch die verlockenden Nachspeisen sollten Sie unbedingt versuchen!

Alle Rezepte sind maßgeschneidert für das Kochen zu Hause. Die Speisen sind einfach zuzubereiten, ohne dass man dabei stundenlang in der Küche stehen muss.

Jedes Kapitel ist einem anderen Kontinent gewidmet, so finden Sie stets ohne langes Suchen ein für die Region typisches Rezept. Von der Tajine zu den Tacos und von der Pizza zum Pulled-Pork-Wrap ist für jeden Geschmack etwas dabei.

Wenn Sie das nächste Mal etwas Einfaches und Neues kochen möchten, bereichern Sie Ihre Küche mit einem Rezept aus diesem Buch und bringen Sie den Geschmack und die Aromen eines anderen Kontinents in Ihre Küche.

Lachs- und
Gemüse-Schawarma

Gemütliches Beisammensein

AFRIKA UND DER NAHE OSTEN

Zusammen kochen

Malva-Pudding

Erdnuss-Hühnersuppe

Portionen: 4   Vorbereitungszeit: 15 Minuten   Kochzeit: 25 Minuten

ZUTATEN

2 EL Sonnenblumenöl
1 Zwiebel, fein gehackt
2 Knoblauchzehen, gehackt
1 TL Paprikapulver
2 große Hähnchenbrustfilets, in Scheiben
    geschnitten
750 ml Hühnerbrühe
400 ml Kokosmilch
2 EL Erdnussbutter
150 g Okra, in Scheiben geschnitten
75 g Erdnüsse, grob gehackt
2 EL Kokosflocken
einige Stängel Koriandergrün zum Garnieren
Salz und frisch gemahlener schwarzer
    Pfeffer

ZUBEREITUNG

- Das Öl in einem großen Topf bei mittlerer Hitze erhitzen, die Zwiebeln, den Knoblauch und ein wenig Salz hinzufügen und 4–5 Minuten andünsten.
- Paprikapulver dazugeben, gut umrühren und die Hähnchenbrustfilets dazugeben. 1 Minute weiterkochen, dann die Brühe und die Kokosmilch hinzugießen.
- Aufkochen und 10 Minuten köcheln lassen, dann die Erdnussbutter und die Okras dazurühren.
- Weitere 8–10 Minuten köcheln, bis die Okras zart sind und das Hähnchen gar ist.
- Mit Salz und Pfeffer abschmecken und die Suppe in Schüsseln anrichten. Vor dem Servieren mit Erdnüssen, Kokosflocken und Koriander garnieren.

Taboulé

Portionen: 4   Zubereitungszeit: 20 Minuten

ZUTATEN

175 g Couscous
3 EL natives Olivenöl extra
1 mittelgroße Gurke, geschält und gewürfelt
150 g Cocktailtomaten, klein geschnitten
1 Schalotte, fein gehackt
1 kleines Bund Minze, fein gehackt
Salz und frisch gemahlener schwarzer
    Pfeffer

ZUBEREITUNG

• Den Couscous in eine große, hitzebeständige Schüssel geben und kochendes Wasser hinzugeben, sodass es den Couscous 1 cm überdeckt.

• Die Schüssel mit Frischhaltefolie gut zudecken und den Couscous 15 Minuten ziehen lassen, bis er das gesamte Wasser aufgesogen hat.

• Den Couscous mit einer Gabel auflockern, dann Olivenöl, Gurke, Schalotte, Tomaten und Minze unterrühren.

• Mit Salz und Pfeffer abschmecken und in Schüsseln anrichten und servieren.

Lachs- und Gemüse-Schawarma

Portionen: 4   Vorbereitungszeit: 10–15 Minuten   Kochzeit: 10 Minuten

ZUTATEN

2 EL Olivenöl
1 Knoblauchzehe, gehackt
450 g Lachsfilet, enthäutet, in Würfel
  geschnitten
400 g gemischte Pilze, gut gewaschen
1 kleine Handvoll Basilikumblätter, grob
  gehackt
4 mittelgroße Dürüm oder Tortilla Wraps
Salz und frisch gemahlener schwarzer
  Pfeffer

ZUBEREITUNG

- Das Olivenöl in einer großen Pfanne bei mäßiger Hitze erhitzen, bis es heiß ist.

- Den Knoblauch zugeben und unter häufigem Rühren 30 Sekunden braten, den Lachs hinzufügen und mit Salz und Pfeffer würzen.

- 2–3 Minuten braten, dabei gelegentlich umrühren, die Pilze hinzufügen und weitere 4–5 Minuten braten, bis sie weich sind und beginnen, braun zu werden.

- Das Basilikum unterrühren, mit Salz und Pfeffer abschmecken und die Pfanne von der Herdplatte nehmen.

- Eine große Pfanne bei mäßiger Hitze erhitzen, bis sie heiß ist. Die Wraps mit ein wenig Wasser beträufeln und in der Pfanne 30–45 Sekunden rösten, dabei einmal wenden, bis sie beginnen braun zu werden.

- Die Lachs- und Gemüsefüllung auf die Wraps geben, die Wraps wickeln und servieren.

Hähnchen mit Kritharaki

Portionen: 4   Vorbereitungszeit: 15 Minuten   Kochzeit: 50 Minuten

ZUTATEN

3 EL Olivenöl
8 kleine Hähnchenschenkel, enthäutet
1 kleine Zwiebel, fein gehackt
2 Knoblauchzehen, gehackt
1 TL Ras el Hanout
400 g gehackte Tomaten aus der Dose
1 l Hühnerbrühe
1 große rote Paprika, gewürfelt
250 g Kritharaki oder Ptitim
200 g Kichererbsen aus der Dose, abgetropft
1 große Handvoll Rucola zum Servieren
Salz und frisch gemahlener schwarzer
    Pfeffer

ZUBEREITUNG

- 2 Esslöffel Olivenöl in einer Auflaufform bei mäßiger Hitze erhitzen, bis es heiß ist.

- Die Hähnchenschenkel großzügig würzen, anbraten und auf einen Teller legen.

- Die Hitze ein wenig reduzieren und die Zwiebeln, den Knoblauch und ein wenig Salz dazu geben. 3–4 Minuten andünsten und das Ras el Hanout und die gehackten Tomaten dazurühren.

- 1 weitere Minute kochen, ein Viertel der Brühe zugießen und die Hähnchenschenkel wieder in den Topf geben. Gut umrühren.

- Bei geringer Hitze zugedeckt 30–40 Minuten kochen, bis die Hähnchenschenkel gar sind.

- Das restliche Öl bei mittlerer Hitze in einer Pfanne erhitzen, die Paprika hinzufügen und 3 Minuten andünsten, bis sie weich ist.

- Die Kritharaki und die Kichererbsen dazu geben, 1 Minute kochen und mit der restlichen Brühe überdecken.

- Zum Köcheln bringen und 8–10 Minuten kochen, bis die Kritharaki weich sind. Bei Bedarf abtropfen lassen und mit Salz und Pfeffer abschmecken.

- Die Hähnchenschenkel salzen und pfeffern, mit Couscous und Rucola auf einem Teller anrichten und servieren.

Schnelle Lammtajine

Portionen: 4   Vorbereitungszeit: 20 Minuten   Kochzeit: 40–45 Minuten

ZUTATEN

4 EL Olivenöl
750 g Lammschulter, ohne Knochen und Fett, in Würfel geschnitten
½ Steckrübe, geschält und fein gewürfelt
2 große Karotten, geschält und in Scheiben geschnitten
1 große Zucchini, gewürfelt
1 grüne Paprika, fein gewürfelt
1 rote Paprika, fein gewürfelt
1 EL Harissa
½ TL Ras el Hanout
750 ml Lammfond
½ eingelegte Salzzitrone, in Scheiben geschnitten
einige Stängel glatte Petersilie zum Garnieren
Salz und frisch gemahlener schwarzer Pfeffer

ZUBEREITUNG

- Eine Tajine oder Auflaufform bei mittlerer Hitze erhitzen und 2 Esslöffel Olivenöl zufügen.
- Das Lamm würzen und anbraten, bis es goldbraun ist und auf einen Teller beiseite legen.
- Die Hitze leicht reduzieren, das Bratfett bis auf 1 Esslöffel abgießen und das restliche Olivenöl zufügen.
- Die Steckrübe und die Karotten mit ein wenig Salz dazu geben, 6–7 Minuten dünsten, bis sie weich sind, und die Zucchini und die Paprika zufügen.
- Weitere 2 Minuten kochen und Harissa und Ras el Hanout hineinrühren.
- 1 Minute kochen, das Lamm wieder zugeben und mit der Brühe ablöschen. Gut umrühren und zum Köcheln bringen.
- Zudecken und bei geringer Hitze 40–45 Minuten kochen, bis das Lamm zart ist, mit Salz und Pfeffer abschmecken und in Suppentellern anrichten.
- Zum Servieren mit Zitronen und Petersilie garnieren.

Peri-Peri-Hähnchen

Portionen: 4   Vorbereitungszeit: 20 Minuten   Kochzeit: 80–90 Minuten

ZUTATEN

3 rote Chilis, entkernt
1 Zitrone, Saft
1 EL geräuchertes Paprikapulver
1 TL getrockneter Oregano
4 Knoblauchzehen
3 EL Branntweinessig
2 EL Olivenöl
1,5 kg Hähnchen, ohne Knochen
verschiedenfarbige Chilis zum Garnieren
einige Stängel Koriander
Salz und frisch gemahlener schwarzer
  Pfeffer

ZUBEREITUNG

- Den Backofen auf 180 °C (160 °C Umluft) vorheizen.

- Chili, Zitronensaft, Paprika, Oregano, Knoblauch, Essig und Öl zusammen mit etwas Salz und Pfeffer pürieren.

- Das Hähnchen außen und innen mit der Marinade bestreichen und mit Salz und Pfeffer würzen.

- Das Hähnchen auf ein Grillblech oder in einen Bräter legen. 80–90 Minuten braten, bis der dickste Teil des Oberschenkels mindestens 74 °C warm ist.

- Aus dem Ofen nehmen und mit Alufolie zugedeckt 10 Minuten ruhen lassen.

- Das Hähnchen mit einem scharfen Messer in Stücke schneiden, mit Chilis und Koriander garnieren und servieren.

Gegrillte Harissa-Sardinen

Portionen: 4   Vorbereitungszeit: 10 Minuten   Kochzeit: 4–5 Minuten

ZUTATEN

4 frische Sardinen, ausgenommen
    und geschuppt
2 EL Harissa
3 EL Olivenöl
1 große Handvoll Minzzweige
Salz und frisch gemahlener schwarzer
    Pfeffer

ZUBEREITUNG

- Den Grill stark aufheizen.
- Die Sardinen innen mit Salz und Pfeffer würzen und auf ein Grillblech legen.
- Einige Schnitte in die Haut jeder Sardine machen und mit Harissa einreiben.
- Mit Olivenöl beträufeln und die Haut mit etwas Salz und Pfeffer würzen.
- 4–5 Minuten grillen, dabei einmal wenden, bis die Haut knusprig und der Fisch nicht mehr durchscheinend ist.
- Mit Minzzweigen garniert sofort servieren.

Falafel mit Pita-Brot

Portionen: 4   Vorbereitungszeit: 15 Minuten   Kochzeit: 22–25 Minuten

ZUTATEN

600 g Kichererbsen aus der Dose, abgetropft
1 Schalotte, fein gehackt
2 Knoblauchzehen, gehackt
1 EL Mehl
1 TL gemahlener Kreuzkümmel
½ TL Paprikapulver
½ TL Backpulver
55 ml Olivenöl, plus etwas mehr zum Formen
125 g Paniermehl
4 Pita-Brote, halbiert
½ Gurke, in feine Scheiben geschnitten
1 große Karotte, geschält und in Stifte
    geschnitten
¼ kleiner Rotkohl, gehobelt
Salz und frisch gemahlener schwarzer
    Pfeffer

ZUBEREITUNG

- Den Backofen auf 190 °C (170 °C Umluft) vorheizen.
- Kichererbsen, Schalotte, Knoblauch, Mehl, Gewürze und Backpulver zusammen mit etwas Salz und Pfeffer pürieren.
- Je 2 Esslöffel der Mischung zwischen den geölten Handflächen zu runden Kugeln formen und in Paniermehl wälzen.
- Auf ein großes Backblech legen und mit Olivenöl beträufeln. 22–25 Minuten backen, bis sie außen goldbraun sind.
- Aus dem Ofen nehmen und die Falafeln ein paar Minuten abkühlen lassen.
- Die Pita-Brote mit Falafeln und Gemüse gefüllt servieren.

Gegrillte Ananas

Portionen: 4   Vorbereitungszeit: 10 Minuten   Kochzeit: 4 Minuten

ZUTATEN

1 große, reife Ananas, geschält
3 TL Zucker
2 EL Sonnenblumenöl
150 g Honig
400 g Mascarpone
1 kleine Handvoll Minzblätter zum Garnieren

ZUBEREITUNG

- Den Grill mäßig heiß vorheizen.
- Die Ananas mit einem scharfen Küchenmesser in dicke Scheiben schneiden, mit Küchenpapier trocken tupfen und beide Seiten mit Zucker bestreuen.
- Den Gitterrost des Grills leicht einfetten, die Ananasscheiben 2 Minuten auf jeder Seite grillen, bis sie ein wenig dunkel sind.
- Vom Grill nehmen und auf einem Servierteller stapeln. Den Honig darüber geben, die Mascarpone daneben verteilen und mit Minze garniert servieren.

Malva-Pudding

Portionen: 4   Vorbereitungszeit: 15 Minuten   Kochzeit: 25–30 Minuten

ZUTATEN

1 EL Sonnenblumenöl zum Einfetten
275 g Zucker
2 große Eier
2 EL Aprikosenmarmelade oder -gelee
75 g Butter, geschmolzen
1 TL Branntweinessig
75 ml Vollmilch
150 g Mehl, gesiebt
1 TL Backpulver
250 ml Schlagsahne zum Servieren
75 ml Wasser
1 Pck. Vanillezucker
eine Prise Salz

ZUBEREITUNG

- Den Backofen auf 180 °C (160 °C Umluft) vorheizen und 4 hitzebeständige Teetassen einfetten.
- 175 g Zucker zusammen mit den Eiern in einer großen Schüssel schlagen.
- Sobald die Masse hell und fest ist, die Aprikosenmarmelade zufügen und nochmals 1 Minute schlagen.
- 1 Esslöffel geschmolzene Butter, Essig und Milch zufügen. Kurz schlagen, Mehl, Backpulver und Salz unterheben, bis alles gründlich vermischt ist.
- Den Teig auf die Teetassen aufteilen und diese auf ein Backblech stellen.
- 25–30 Minuten backen, bis der Teig hochgegangen und oben goldbraun ist. Mit einem Holzstäbchen in den Pudding stechen. Es dürfen keine Teigreste mehr daran haften.
- Herausnehmen und auf einem Gitter abkühlen lassen. Den Rest des Zuckers und der Butter mit Vanillezucker, Sahne und Wasser in einen Topf geben.
- Zum Köcheln bringen und rühren, etwas abkühlen und eindicken lassen. Den Pudding stürzen und mit der Sauce servieren.

Gemüse-
Samosas

Mit Freunden entspannen

ASIEN

Ein Hauch von Asien

Pad Thai

Gemüse-Samosas

Portionen: 4   Vorbereitungszeit: 20 Minuten   Kochzeit: 30 Minuten

ZUTATEN

55 ml Sonnenblumenöl
2 Zwiebeln, in dünne Scheiben geschnitten
2 Knoblauchzehen, gehackt
5 cm Ingwer, geschält und gehackt
2 TL gemahlener Kreuzkümmel
2 TL gemahlener Koriander
1 TL mildes Currypulver
½ TL Garam masala
450 g mehlig kochende Kartoffeln, geschält
    und fein gewürfelt
100 g gefrorene Erbsen, aufgetaut
1 l Pflanzenöl zum Frittieren
8 Samosateigtaschen (alternativ
    Frühlingsrollenteig verwenden)
einige Minzzweige zum Garnieren
Salz und frisch gemahlener schwarzer
    Pfeffer

ZUBEREITUNG

- Das Öl in einem großen Topf bei mittlerer Hitze erhitzen.
- Die Zwiebeln, den Knoblauch und den Ingwer 6–7 Minuten unter gelegentlichem Rühren dünsten und die Gewürze zufügen. Gut umrühren.
- Die Kartoffeln zufügen und gut umrühren, mit einem Deckel zudecken und die Hitze ein wenig reduzieren.
- Sobald die Kartoffeln gar sind, den Deckel wegnehmen und die Erbsen zufügen. Gut umrühren.
- Mit Salz und Pfeffer abschmecken und abkühlen lassen.
- Das Pflanzenöl in einem großen, schweren Topf auf 180 °C erhitzen.
- Die Teigtaschen zu dreieckigen Tüten falten, die Kanten mit etwas Wasser benetzen und zudrücken.
- Die Teigtaschen mit dem Gemüse-Curry füllen und gut verschließen, den Rand bei Bedarf wieder benetzen.
- 4–5 Minuten frittieren. Nach der Hälfte der Zeit die Samosas drehen.
- Auf Küchenpapier abtropfen lassen, während die restlichen Samosas frittiert werden.
- Die Samosas mit einem Minzzweig garniert warm servieren.

Ingwer-Garnelen

Portionen: 4   Vorbereitungszeit: 5–10 Minuten   Kochzeit: 5 Minuten

ZUTATEN

2 EL Erdnussöl
1 EL Sesamöl
5 cm Ingwer, geschält und fein gehackt
2 Knoblauchzehen, gehackt
600 g rohe Garnelen, geschält, ausgelöst, mit
    Schwanzenden
4 Frühlingszwiebeln, grob gehackt
2 EL dunkle Sojasauce
ein wenig Reiswein
Salz und frisch gemahlener schwarzer
    Pfeffer

ZUBEREITUNG

- Das Öl in einem großen Wok bei großer Hitze erhitzen, bis es heiß ist.
- Den Ingwer und den Knoblauch zufügen, 30 Sekunden anbraten und die Garnelen mit etwas Salz und Pfeffer zufügen.
- 2 Minuten anbraten oder bis die Garnelen rötlich und weich sind.
- Die Frühlingszwiebeln, die Sojasauce und den Reiswein zufügen. Gut umrühren und weitere 2 Minuten köcheln lassen.
- Vor dem Servieren mit Salz und Pfeffer abschmecken.

Frühlingsrollen

Ergibt: 8   Vorbereitungszeit: 30–40 Minuten   Kochzeit: 20–25 Minuten

ZUTATEN

1,25 l Erdnussöl
3 Hähnchenbrustfilets, in dünne Streifen geschnitten
1 EL chinesisches Fünf-Gewürze-Pulver
1 EL Austernsauce
4 große Frühlingszwiebeln, längs in dünne Streifen geschnitten
2 Karotten, geschält und in Julienne-Streifen geschnitten
75 g Sojasprossen
1 EL dunkle Sojasauce, plus etwas mehr zum Servieren
1 TL frischer Ingwer, gerieben
16 Blatt Frühlingsrollenteig, mit einem feuchten Tuch bedeckt
1 Eigelb, geschlagen
Salz und weißer Pfeffer

ZUBEREITUNG

- 2 Esslöffel Öl in einem großen Wok bei großer Hitze erhitzen, bis es heiß ist.
- Das Huhn salzen und pfeffern, 1–2 Minuten kurz anbraten und das Fünf-Gewürze-Pulver und die Austernsauce zufügen.
- Weitere 2–3 Minuten kochen lassen und aus dem Wok nehmen.
- In einer Schüssel die Frühlingszwiebeln, die Karotten, die Sojasprossen, die Sojasauce, den Ingwer und das gekochte Hähnchen gut untereinander mischen.
- Zwei Frühlingsrollenblätter aufeinanderlegen.
- Den Rand mit Eigelb bestreichen.
- Ein paar Esslöffel der Füllung auf den unteren Bereich der Frühlingsrollenblätter geben und die Kanten nach innen falten, damit die Füllung zugedeckt wird.
- Den unteren Rand der Frühlingsrollenblätter über die Füllung legen und vorsichtig einrollen.
- Diesen Schritt mit den restlichen Frühlingsrollen wiederholen, dann mit einem feuchten Tuch bedecken, damit die Pfannkuchen nicht austrocknen.
- Das restliche Erdnussöl in einem großen, schweren Topf auf 180 °C erhitzen.
- Vorsichtig 2 Frühlingsrollen pro Mal in das heiße Öl geben und 2–3 Minuten frittieren, bis sie goldbraun sind.
- Herausnehmen, auf Küchenpapier abtropfen lassen und mit Sojasauce servieren.

Aloo Jeera

Portionen: 4   Vorbereitungszeit: 10–15 Minuten   Kochzeit: 30 Minuten

ZUTATEN

1 kg mehlig kochende Kartoffeln, geschält
   und fein gewürfelt
3 EL Sonnenblumenöl
1 Messerspitze Kreuzkümmelsamen
2 Knoblauchzehen, gehackt
1 EL gemahlener Kreuzkümmel
1 TL gemahlener Koriander
½ TL Garam masala
1 kleine Handvoll Schnittlauch
1 große Handvoll Koriander, fein gehackt
Salz und frisch gemahlener schwarzer
   Pfeffer

ZUBEREITUNG

- Die Kartoffeln in einem großen Kochtopf mit gesalzenem Wasser 18–22 Minuten kochen, bis sie gar sind. Abtropfen und einige Minuten abdampfen lassen.

- Das Öl bei mäßiger Hitze in einer großen Pfanne erhitzen, bis es heiß ist.

- Die Kreuzkümmelsamen und den Knoblauch zufügen und 30 Sekunden andünsten, bis die Samen aufzuspringen beginnen.

- Die gemahlenen Gewürze zufügen, gut umrühren, 30 Sekunden kochen und die Kartoffeln zufügen.

- Die Hitze reduzieren und 4–5 Minuten unter gelegentlichem Umrühren kochen, bis die Kartoffeln beginnen sich zu bräunen.

- Mit Salz und Pfeffer abschmecken und den größten Teil des Schnittlauchs grob hacken.

- Die Kartoffeln in Schalen anrichten und vor dem Servieren mit gehacktem Schnittlauch, Koriander und Schnittlauchstängeln garnieren.

Cashew-Geflügelsalat

Portionen: 4   Vorbereitungszeit: 15 Minuten   Kochzeit: 15–18 Minuten

ZUTATEN

100 ml Erdnussöl
2 große Hähnchenbrüste
2 EL Reiswein
1 Prise Zucker
1 kleiner Chinakohl, in feine Streifen
   gehobelt
150 g Kichererbsensprossen
100 g Cashewkerne, leicht geröstet
1 kleines Bund Koriander, zerzupft
Salz und frisch gemahlener schwarzer
   Pfeffer

ZUBEREITUNG

- 2 Esslöffel Öl in einer großen Pfanne bei mäßiger Hitze erhitzen, bis es heiß ist.
- Die Hähnchenbrüste mit Salz und Pfeffer würzen und 15–18 Minuten, bis die Haut goldbraun ist und das Hähnchen gar ist, dabei gelegentlich wenden. Das Fleischthermometer sollte mindestens 74 °C anzeigen.
- Die Hähnchenbrüste aus der Pfanne nehmen und beiseitegestellt ruhen lassen.
- Das restliche Öl mit dem Reiswein, Zucker und etwas Salz und Pfeffer verquirlen.
- Den Chinakohl, die Kichererbsensprossen und die Cashewkerne in einer großen Schüssel mischen und die Sauce darüber gießen. Gut vermischen.
- Die Hähnchenbrüste in Streifen schneiden.
- Den Salat in Schalen anrichten und vor dem Servieren mit dem Hähnchen und Koriander garnieren.

Chili-Spareribs

Portionen: 4   Vorbereitungszeit: 15 Minuten   Kochzeit: 90–100 Minuten

ZUTATEN

1,2 kg Spareribs
100 g Hoisinsauce
1 EL Sesamöl
1 EL Branntweinessig
1 EL dunkle Sojasauce
1 EL flüssiger Honig
2 TL chinesisches Fünf-Gewürze-Pulver
2 rote Chilis, fein in Scheiben geschnitten
1 EL Sesamsamen
einige Rosmarinzweige, gehackt
Frisch gemahlener schwarzer Pfeffer

ZUBEREITUNG

- Den Backofen auf 180 °C (160 °C Umluft) vorheizen.
- Die Rippen auf ein großes, mit Alufolie ausgekleidetes Backblech legen.
- Die Hoisinsauce, das Öl, den Essig, die Sojasauce, den Honig, das Fünf-Gewürze-Pulver und viel schwarzen Pfeffer zu einer Marinade verquirlen.
- Die Marinade gleichmäßig auf beiden Seiten der Rippen auftragen.
- Die Rippen 90–100 Minuten im Ofen garen, bis das Fleisch zart und saftig ist.
- Aus dem Ofen nehmen, vor dem Schneiden 5 Minuten ruhen lassen und zum Servieren mit Chili, Sesam und Rosmarin garnieren.

Geflügel an Sesamnudeln

Portionen: 4   Vorbereitungszeit: 5–10 Minuten   Kochzeit: 6–7 Minuten

ZUTATEN

2 EL Erdnussöl
2 große Hähnchenbrustfilets, in Scheiben
  geschnitten
2 Knoblauchzehen, gehackt
2 große Karotten, geschält und geraspelt
200 g Zuckerschoten
350 g Eiernudeln, gekocht
2 EL dunkle Sojasauce
ein wenig Reisweinessig
2 EL Sesamsamen
Salz und frisch gemahlener schwarzer
  Pfeffer

ZUBEREITUNG

- 1½ Esslöffel Öl in einem großen Wok bei großer Hitze erhitzen, bis es heiß ist.
- Das Huhn salzen und pfeffern und kurz anbraten, bis es gleichmäßig leicht goldbraun ist.
- Aus dem Wok nehmen und das restliche Öl in den Wok geben.
- Den Knoblauch und die Karotten 1 Minute kurz anbraten, die Zuckerschoten zufügen und nochmals 1 Minute kurz anbraten.
- Die Nudeln zusammen mit der Sojasauce und ein wenig Essig zufügen und das Huhn zurück in die Pfanne geben.
- Weitere 2–3 Minuten kochen, vorsichtig umrühren, bis die Nudeln überall heiß sind.
- In Schalen anrichten und mit Sesam garniert servieren.

Geflügel-Satay

Portionen: 4   Vorbereitungszeit: 15 Minuten   Kochzeit: 40 Minuten

ZUTATEN

2 EL Sonnenblumenöl
Salz und frisch gemahlener schwarzer
  Pfeffer
4 Hähnchenoberschenkel
2 rote Thai Chilis, entkernt und grob gehackt
2 Knoblauchzehen
1 Stängel Zitronengras, zerkleinert
150 g weiche Erdnussbutter
250 ml Kokosmilch
125 ml heiße Hühnerbrühe
1 EL Reisweinessig
1 EL Fischsauce
1 kleines Bund Babyspinatblätter, gewaschen
55 g Erdnüsse, zerkleinert

ZUBEREITUNG

- Das Öl in einer großen Auflaufform bei mäßiger Hitze erhitzen, bis es heiß ist.
- Die Hähnchenoberschenkel würzen und im heißen Öl anbraten, bis sie gleichmäßig goldbraun sind, herausnehmen und auf einen Teller legen.
- Die Hitze ein wenig reduzieren, dann die Chilis, den Knoblauch und das Zitronengras zufügen. 1 Minute anbraten und die Butter dazu rühren.
- Die Butter schmelzen lassen und Milch, Brühe, Essig und Fischsauce einrühren.
- Zum Köcheln bringen und die Hähnchenschenkel wieder zufügen.
- Zugedeckt 25–30 Minuten sanft köcheln lassen, bis die Hähnchenschenkel gar sind.
- Die Spinatblätter dazu rühren und mitköcheln, bis sie zusammenfallen, mit Salz und Pfeffer abschmecken.
- In Schalen anrichten und vor dem Servieren mit Erdnüssen bestreuen.

Gebratene Udon-Nudeln

Portionen: 4   Vorbereitungszeit: 10 Minuten   Kochzeit: 10 Minuten

ZUTATEN

3 EL Reisweinessig
3 EL helle Sojasauce
1 EL Sesamöl
1 EL Zucker
1 Zitrone, Saft
1½ EL Wasser
1 EL Speisestärke
3 EL Erdnussöl
250 g Rumpsteak, fein geschnitten
250 g rohe Garnelen, geschält und ausgelöst
1 große Karotte, geschält und in
    Julienne-Streifen geschnitten
1 große grüne Paprika, fein geschnitten
1 Chinakohl, in feine Streifen gehobelt
350 g Udon-Nudeln, gekocht
Salz und frisch gemahlener schwarzer
    Pfeffer

ZUBEREITUNG

- Den Essig, die Sojasauce, das Öl, den Zucker und den Zitronensaft zusammen in einer kleinen Schüssel verquirlen. Das Wasser und die Speisestärke zufügen und wiederum verrühren.

- 1 Esslöffel Öl in einem großen Wok bei mäßiger Hitze erhitzen, bis es heiß ist.

- Das Steak und die Garnelen würzen, dann 2 Minuten kurz anbraten. Aus dem Wok herausnehmen.

- Das restliche Öl, die Karotten, die Paprika und den Kohl zufügen und 2–3 Minuten kurz anbraten. Die Nudeln zufügen.

- Gut mischen, dann die Sauce zusammen mit dem Rumpsteak und den Garnelen in den Wok zufügen. Die Sauce zum Kochen bringen, die Hitze reduzieren und die Sauce leicht eindicken lassen.

- Vor dem Servieren alles ein letztes Mal mischen und in Schalen anrichten.

Gemüsecurry

Portionen: 4   Vorbereitungszeit: 10 Minuten   Kochzeit: 45–50 Minuten

ZUTATEN

3 EL Sonnenblumenöl
2 große Zwiebeln, fein gehackt
4 Knoblauchzehen, gehackt
3 cm Ingwer, geschält und gehackt
1 EL gemahlener Koriander
1 EL gemahlener Kreuzkümmel
2 TL Kurkuma
1 TL Garam masala
1 TL Zucker
250 g Naturjoghurt
55 g gemahlene Mandeln
250 ml Wasser
110 ml Schlagsahne
1 Aubergine, gewürfelt
1 grüne Paprika, gewürfelt
2 große mehlig kochende Kartoffeln, geschält
    und gewürfelt
1 TL mildes Currypulver
1 Braeburn-Apfel, entkernt und fein
    gewürfelt
1 kleines Bund Koriander, gepflückte Blätter
Salz und frisch gemahlener schwarzer
    Pfeffer

ZUBEREITUNG

- Das Öl in einer großen Auflaufform bei mäßiger Hitze erhitzen, bis es heiß ist.

- Die Zwiebeln, den Knoblauch und den Ingwer zufügen und 7–8 Minuten dünsten, bis sie goldbraun sind.

- Die gemahlenen Gewürze und den Zucker zufügen, die Hitze ein wenig reduzieren und 1 Minute unter häufigem Rühren kochen.

- Weitere 2–3 Minuten kochen lassen und den Joghurt, die Mandeln und das Wasser dazurühren.

- Zum Köcheln bringen und 8–10 Minuten unter gelegentlichem Rühren behutsam kochen. Die Sahne dazurühren.

- Die Sauce in einer Küchenmaschine glatt mixen, in die Auflaufform gießen und mit Gewürzen abschmecken.

- Aubergine, Paprika und Kartoffeln zufügen und in der Sauce 20 Minuten köcheln lassen, bis das Gemüse weich ist.

- Das Curry in Schalen anrichten und mit einer Prise Currypulver, einigen Apfelwürfeln und Korianderblättern garnieren.

Pad Thai

Portionen: 4   Vorbereitungszeit: 10 Minuten   Kochzeit: 12-15 Minuten

ZUTATEN

3 EL Fischsauce
3 EL Reisweinessig
2 EL kaltes Wasser
1 Limette, Saft
1 EL dunkle Sojasauce
1 EL brauner Zucker
3 EL Erdnussöl
2 große Hähnchenbrustfilets, in Würfel
    geschnitten
1 Schalotte, fein gehackt
2 Knoblauchzehen, gehackt
2 große Eier, geschlagen
350 g Reisnudeln, gekocht
75 g Sojasprossen
2 EL Erdnüsse, zerkleinert
1 kleines Bund Koriander, fein gehackt
Salz und frisch gemahlener schwarzer
    Pfeffer

ZUBEREITUNG

- Die Fischsauce, den Essig, das Wasser, den Limettensaft, die Sojasauce und den Zucker in einer kleinen Schüssel rühren, bis sich der Zucker aufgelöst hat.

- 2 Esslöffel Öl in einem großen Wok oder Pfanne bei mäßiger Hitze erhitzen, bis es heiß ist.

- Das Huhn würzen und 4–5 Minuten kurz goldbraun anbraten. Das Huhn beiseite legen und die Hitze reduzieren.

- Das restliche Öl, die Schalotte und den Knoblauch zufügen und 2 Minuten andünsten.

- Das Huhn mit dem geschlagenen Ei wieder dazu geben und kochen, bis das Ei stockt, dann die Nudeln, die Sojasprossen, die Erdnüsse und die vorbereitete Soße zufügen.

- Alles zusammenmischen und unter häufigem Wenden 4–5 Minuten kochen, bis die Nudeln glänzend sind und sich die Sauce reduziert hat.

- Mit Salz und Pfeffer abschmecken, in Schalen anrichten und mit Koriander garniert servieren.

Rotes Thai-Curry

Portionen: 4   Vorbereitungszeit: 10 Minuten   Kochzeit: 15–17 Minuten

ZUTATEN

2 EL Erdnussöl
2–3 EL rote Thai-Currypaste
1 rote Paprika, fein gewürfelt
100 g Bambussprossen, abgetropft
4 mittelgroße Hähnchenbrustfilets, in Würfel
  geschnitten
400 ml Kokosmilch
1 EL Fischsauce
1 Limette, Saft
1 TL brauner Zucker
1 kleines Bund Thai-Basilikum, fein
  geschnitten
Jasminreis, gekocht, zum Servieren
Salz und frisch gemahlener Pfeffer

ZUBEREITUNG

- Das Öl in einem großen Wok oder Pfanne bei mäßiger Hitze erhitzen, bis es heiß ist.

- Die Paste zufügen und 1 Minute braten, bis sie duftet und sprudelt.

- Die Paprika und die Bambussprossen zufügen, 1 Minute braten und das Huhn zufügen.

- 3 Minuten kurz anbraten und die Kokosmilch und die Fischsauce zufügen.

- Zum Köcheln bringen, die Hitze ein wenig reduzieren und 10–12 Minuten weiterkochen, bis das Huhn gar und die Sauce eingedickt ist.

- Mit Limettensaft, Zucker, Salz und Pfeffer abschmecken.

- Das Basilikum unterrühren und auf dem in Schalen gefüllten Reis anrichten.

Zitronenhähnchen

Portionen: 4   Vorbereitungszeit: 10 Minuten   Kochzeit: 10–12 Minuten

ZUTATEN

2 unbehandelte Zitronen
150 ml warmes Wasser
2 EL Honig
2 große Hähnchenbrüste, in Scheiben
   geschnitten
1 EL Speisestärke
3 EL Erdnussöl
2 kleine Zwiebeln, in Ringe geschnitten
2 Knoblauchzehen, gehackt
1 EL dunkle Sojasauce
1 EL Sesamsamen
300 g Reis, gekocht, zum Servieren

ZUBEREITUNG

- Die Schale einer Zitrone abreiben und den Saft beider Zitronen auspressen.
- Wasser und Honig zum Zitronensaft zufügen und rühren, bis sich der Honig aufgelöst hat.
- Das Huhn in der Speisestärke wenden und die überschüssige Stärke abschütteln.
- 2 Esslöffel Öl in einem großen Wok bei großer Hitze erhitzen, bis es heiß ist.
- Das Huhn im Öl braten, bis es außen braun und knusprig ist, aus dem Wok nehmen und das restliche Öl zugießen.
- Die Zwiebeln und den Knoblauch 2–3 Minuten kurz anbraten und den Zitronensaft zugießen.
- Die Sauce zum Köcheln bringen, die Hitze ein wenig reduzieren und kochen, bis sie eingedickt ist.
- Das Huhn wieder in den Wok geben und einige Minuten in der Sauce aufwärmen lassen. Mit Sojasauce würzen und mit Sesam bestreuen.
- In Schalen auf Reis anrichten und mit Zitronenschale garniert servieren.

Eierpuddingtörtchen

Ergibt: 12   Vorbereitungszeit: 30 Minuten   Kochzeit: 22–25 Minuten

ZUTATEN

225 g Butter, weich
225 g Zucker
300 g Mehl, gesiebt
10 mittelgroße Eier
1 Pck. Vanillezucker
700 ml Wasser
250 g Kondensmilch

ZUBEREITUNG

- Den Backofen auf 200 °C (180 °C bei Umluft) vorheizen und Papierförmchen in eine 12-Loch-Backform legen.
- Die Butter mit der Hälfte des Zuckers, ½ Pck. Vanillezucker und dem Mehl vermengen und gut mischen, bis ein Teig entsteht.
- Ein Ei mit schlagen, dem Teig zufügen und mischen, bis der Teig glatt und leicht feucht ist.
- Aus dem Teig 12 runde Scheiben formen, dann in die Papierförmchen drücken und mit den Fingern an den Seiten hochziehen.
- Das Wasser mit dem restlichen Zucker und Vanillezucker in einen Topf geben und bei mäßiger Hitze kochen, bis sich der Zucker aufgelöst hat.
- Vom Herd nehmen und abkühlen lassen, die restlichen Eier schlagen und vorsichtig mit der Kondensmilch ins Wasser einrühren.
- Die Füllung gleichmäßig in die Förmchen einfüllen und 22–25 Minuten backen, bis der Teig und die Füllung gebacken sind.
- Herausnehmen auf einem Gitter abkühlen lassen.

Frittierte Bananen

Portionen: 4   Vorbereitungszeit: 10 Minuten   Kochzeit: 4–6 Minuten

ZUTATEN

1,25 l Pflanzenöl
4 mittelgroße Bananen, plus ein wenig mehr
    zum Servieren
100 g Mehl, gesiebt
1 TL Backpulver
55 g Speisestärke, gesiebt
2 EL Zucker
2 EL Butter, geschmolzen
300 ml Wasser
1 EL Puderzucker zum Garnieren

ZUBEREITUNG

- Das Öl in einem großen, schweren Topf auf 180 °C erhitzen.
- Die Bananen schälen und halbieren.
- Das Mehl, die Speisestärke und den Zucker in eine große Schüssel geben. Mit Butter und genügend Wasser zu einem glatten Teig rühren.
- Mit einer Zange die Bananenstücke in den Teig tauchen, in das heiße Öl geben und 2–3 Minuten frittieren, bis sie knusprig und goldbraun sind.
- Auf Küchenpapier abtropfen lassen, zum Servieren mit rohen Bananen anrichten und mit Puderzucker bestäuben.

Lammkebab

Abendessen für zwei

EUROPA

Ein Familienabend

Kirsch-Clafautis

Muscheln in Weißwein

Portionen: 4   Vorbereitungszeit: 15 Minuten   Kochzeit: 6–7 Minuten

ZUTATEN

2 EL Olivenöl
1 große Schalotte, fein gehackt
1 Knoblauchzehe, fein gehackt
2 Selleriestangen, in Stückchen geschnitten
2 Flaschentomaten, entkernt und in Würfel geschnitten
600 g Miesmuscheln, abgebürstet und Bärte entfernt
175 ml trockener Weißwein
1 kleines Bund glatte Petersilie, grob gehackt
Salz und frisch gemahlener schwarzer Pfeffer

ZUBEREITUNG

- Das Öl in einem großen Topf bei mittlerer Hitze erhitzen, bis es heiß ist.
- Die Schalotten, den Knoblauch, den Sellerie und ein wenig Salz zufügen, dann 3 Minuten andünsten, bis sie weich sind.
- Die Tomaten und die Muscheln dazu geben, dann die Hitze erhöhen und gut umrühren.
- Mit dem Wein ablöschen und den Topf mit einem Deckel zudecken. 3 Minuten kochen, dabei den Topf gelegentlich schütteln, bis die Muscheln offen sind.
- Alle Muscheln entsorgen, die sich nicht geöffnet haben, die Brühe mit Salz und Pfeffer abschmecken und die Petersilie unterrühren.
- Sofort in Schalen servieren.

Spargelomelette

Portionen: 4   Vorbereitungszeit: 10 Minuten   Kochzeit: 10–12 Minuten

ZUTATEN

2 EL Olivenöl
350 g Spargelstangen, die hölzernen Enden
    abgeschnitten
8 große Eier
75 ml Vollmilch
2 große Strauchtomaten, entkernt und in
    Scheiben geschnitten
75 g Gouda, gerieben
einige Rosmarinzweige zum Garnieren
Salz und frisch gemahlener schwarzer
    Pfeffer

ZUBEREITUNG

• Den Backofen auf 190 °C (170 °C Umluft) vorheizen.

• Das Öl in einer großen, ofenfesten Pfanne bei mäßiger
  Hitze erhitzen, bis es heiß ist.

• Den Spargel und etwas Salz und Pfeffer zufügen und
  3 Minuten unter gelegentlichem Wenden braten, bis sie
  leicht gebräunt sind.

• Den Spargel aus der Pfanne nehmen und
  beiseitestellen. Eier, Milch und etwas Salz und Pfeffer
  verrühren.

• Die Eier in die Pfanne gießen und 1 Minute ruhen
  lassen, dann den Spargel und die Tomaten darauf
  verteilen. Käse darüberstreuen und leicht salzen und
  pfeffern.

• Im Ofen 10–12 Minuten backen, bis das Omelette
  aufgegangen und oben goldbraun ist.

• Aus dem Ofen nehmen und etwas abkühlen lassen, aus
  der Pfanne stürzen und in Stücke schneiden.

• Mit Rosmarinzweigen garniert servieren.

Gazpacho

Portionen: 4   Zubereitungszeit: 10 Minuten

ZUTATEN

3 rote Paprika, gewürfelt
1 TL Zucker
1 rote Chili, entkernt und gehackt
2 Scheiben Weißbrot, ohne Kruste, gewürfelt
3 Knoblauchzehen, gehackt
400 g Passata (Tomatenpüree)
400 g gehackte Tomaten aus der Dose
2 EL Sherry-Essig
75 ml extra natives Olivenöl
2 EL Sauerrahm
Schnittlauch, grob zerkleinert
Salz und frisch gemahlener schwarzer
    Pfeffer

ZUBEREITUNG

- Die Paprika sehr fein hacken.
- Zucker, Chilis, Brot, Knoblauch, Passata und gehackte Tomaten zufügen und glatt mixen.
- Nach Bedarf etwas Wasser zum Verdünnen zugießen, dann Essig und Öl zufügen.
- Alles gut verrühren, mit Salz und Pfeffer abschmecken und in Suppenteller schöpfen.
- Mit einem Klecks saurer Sahne und ein wenig Schnittlauch garniert servieren.

Bruschetta

Portionen: 4   Vorbereitungszeit: 10 Minuten   Kochzeit: 5 Minuten

ZUTATEN

8 dicke Scheiben Sauerteigbrot
75 ml natives Olivenöl extra
1 Knoblauchzehe, gehackt
1 kleines Bund Basilikum, gehackt
Salz und frisch gemahlener schwarzer
   Pfeffer
350 g Strauchtomaten, entkernt und
   gewürfelt

ZUBEREITUNG

- Den Grill mäßig heiß aufheizen.

- Beide Seiten der Brotscheiben mit ein wenig Öl
  bestreichen, dann auf ein Grillrost legen. Auf beiden
  Seiten 1–2 Minuten leicht knusprig grillen.

- Das restliche Öl mit dem Knoblauch und dem
  Basilikum verrühren. Die Tomaten salzen und pfeffern,
  in das Öl geben und umrühren.

- Die Tomaten auf den Toastscheiben anrichten.
  Sofort servieren.

Moussaka

Portionen: 6   Vorbereitungszeit: 45 Minuten   Kochzeit: 20 Minuten

ZUTATEN

2 mittelgroße Auberginen, grob gewürfelt
3 EL Olivenöl
2 kleine Zwiebeln, fein gehackt
2 Knoblauchzehen, gehackt
600 g gehacktes Lammfleisch
2 TL getrockneter Oregano
1 TL getrockneter Thymian
½ TL Zimt
200 g gehackte Tomaten aus der Dose
225 ml Lammfond
75 g Butter
75 g Mehl
750 ml Vollmilch
2 kleine Eigelb
110 g Gouda, gerieben
1 große Strauchtomate, entkernt und in
    Schnitze geschnitten
Salz und frisch gemahlener schwarzer
    Pfeffer

ZUBEREITUNG

- Die Aubergine salzen und auf Küchenpapier abtropfen lassen. Nach 10 Minuten trocken tupfen.
- Das Öl in einer großen Auflaufform bei mittlerer Hitze erhitzen und die Zwiebeln und den Knoblauch 4–5 Minuten andünsten.
- Das Hackfleisch zufügen, anbraten und die getrockneten Kräuter und Gewürze dazu rühren.
- Die gehackten Tomaten und den Fond zufügen und bei reduzierter Hitze 15 Minuten köcheln lassen.
- Den Backofen auf 200 °C (180 °C Umluft) vorheizen.
- Die Butter in einem Topf bei mäßiger Hitze schmelzen, das Mehl darin anschwitzen bis es sich leicht bräunt.
- Die Milch langsam, aber stetig einrühren, bis sie eindickt. 5 Minuten köcheln lassen und das Eigelb, den Käse mit etwas Salz und Pfeffer dazu rühren.
- Ein wenig von der Hackfleischmischung in eine große ovale Backform schöpfen und ein paar Auberginenwürfel darüber verteilen.
- Danach etwas Käsesauce darüber geben, dann wieder Hackfleisch und Auberginen.
- Den Vorgang wiederholen und mit den frischen Tomaten garnieren.
- 20 Minuten backen, bis die Oberseite goldbraun ist und es in der Mitte des Moussakas kochend heiß ist. Vor dem Servieren 5 Minuten stehen lassen.

Lammkebab

Portionen: 4   Vorbereitungszeit: 15 Minuten   Kochzeit: 6–8 Minuten

ZUTATEN

600 g gehacktes Lammfleisch
1 kleines Bund Minzblätter, fein gehackt
1 rote Chili, fein gehackt
1 Schalotte, fein gehackt
2 Knoblauchzehen, gehackt
1 TL gemahlener Kreuzkümmel
1 TL gemahlener Koriander
1 TL Paprika
3 EL Olivenöl
Salz und frisch gemahlener schwarzer
    Pfeffer

ZUBEREITUNG

- Den Grill auf eine mäßig heiße Hitze vorheizen und 8 Holzspieße in kaltem Wasser einweichen.
- Das Hackfleisch, die Minze, die Chilis, die Schalotten, den Knoblauch, die gemahlenen Gewürze und Würze in einer großen Schüssel vermengen.
- 24 kleine Kugeln formen und je 3 auf jeden Spieß stecken.
- Mit ein wenig Öl bestreichen und auf dem Grill unter einmaligem Wenden 6–8 Minuten grillen, bis die Spieße fertig sind.
- Die Spieße vor dem Servieren etwas abkühlen lassen.

Schinken-Artischocken-Pizza

Portionen: 4   Vorbereitungszeit: 15 Minuten   Kochzeit: 8–10 Minuten

ZUTATEN

250 g gebrauchsfertiger Pizzateig
400 g gehackte Tomaten aus der Dose
150 g Büffelmozzarella, abgetropft
100 g Prosciutto, in Scheiben geschnitten
200 g Artischockenherzen aus der Dose,
    abgetropft und in Scheiben geschnitten
75 g Champignons, in Scheiben geschnitten
3 EL sonnengetrocknete Tomaten in Öl,
    abgetropft
2 EL schwarze Oliven, entsteint
1 EL Kapern, abgetropft
2 EL natives Olivenöl extra
1 kleine Handvoll Rucola
Salz und frisch gemahlener schwarzer
    Pfeffer

ZUBEREITUNG

- Den Backofen auf 220 °C (200 °C Umluft) vorheizen und ein Backblech zum Aufwärmen in den Ofen schieben.
- Den Pizzateig mit dem Backpapier auf dem Backblech ausrollen
- Die gehackten Tomaten auf dem Teig verteilen.
- Mozzarella, Schinken, Artischocken, Champignons, getrocknete Tomaten, Oliven und Kapern mischen und auf dem Teig verteilen.
- Mit ein wenig Öl beträufeln und mit Salz und Pfeffer würzen. 8–10 Minuten backen, bis der Teig goldbraun ist und der Mozzarella geschmolzen ist.
- Aus dem Ofen nehmen und etwas abkühlen lassen, dann mit Rucola garnieren, salzen, pfeffern und servieren.

Fish and Chips

Portionen: 4   Vorbereitungszeit: 15–20 Minuten   Kochzeit: 15–20 Minuten

ZUTATEN

1,25 l Pflanzenöl zum Frittieren
55 g Mehl
Salz und frisch gemahlener schwarzer
    Pfeffer
450 g Kabeljau- oder Schellfischfilet, die
    Enden abgeschnitten und in dicke Streifen
    geschnitten
2 große Eier, geschlagen
250 g goldenes Paniermehl
500 g tiefgefrorene Pommes frites

ZUBEREITUNG

- Das Öl in einem großen, schweren Topf auf 180 °C erhitzen.
- Das Mehl in eine flache Schale geben, salzen und pfeffern.
- Den Fisch im Mehl wälzen, überschüssiges Mehl abschütteln und den Fisch in das Ei tauchen.
- Den Fisch vorsichtig in Paniermehl wälzen. Den Fisch in einen Frittiereinsatz legen.
- Den Fisch 3–4 Minuten frittieren, bis er goldbraun und knusprig ist.
- Den Fisch auf Küchenpapier abtropfen lassen.
- Sobald der ganze Fisch frittiert wurde, beiseite stellen und warm halten. Dann die Pommes frites 3–4 Minuten im heißen Öl frittieren, bis sie überall goldbraun sind.
- Auf Küchenpapier abtropfen lassen und mit dem Fisch servieren.

Salade niçoise

Portionen: 4   Vorbereitungszeit: 15 Minuten   Kochzeit: 2–3 Minuten

ZUTATEN

110 g grüne Bohnen, die Enden abgeschnitten
2 grüne Paprika, in Scheiben geschnitten
2 rote Paprika, in Scheiben geschnitten
75 g schwarze Oliven, entsteint und in
    Scheiben geschnitten
225 g Langkornreis, gekocht
4 kleine Strauchtomaten, entkernt und in
    Würfel geschnitten
400 g Thunfisch aus der Dose, abgetropft
100 ml natives Olivenöl extra
1 kleines Bund glatte Petersilie, fein gehackt
1 kleine Handvoll Basilikumblätter zum
    Garnieren
Salz und frisch gemahlener schwarzer
    Pfeffer

ZUBEREITUNG

- Die Bohnen in einem großen Topf mit gesalzenem
  Wasser 2–3 Minuten kochen, bis sie weich sind.
  Abtropfen lassen und in Eiswasser abschrecken.

- Wieder gut abtropfen lassen, Paprika, Oliven, Reis,
  Tomaten, Thunfisch, Olivenöl und Petersilie zufügen
  und mit Salz und Pfeffer abschmecken.

- Vor dem Servieren in Schüsseln anrichten und mit
  Basilikum garnieren.

Waffeln

Portionen: 4   Vorbereitungszeit: 10–15 Minuten   Backzeit: 12–14 Minuten

ZUTATEN

1 EL Pflanzenöl zum Einfetten
275 g Mehl, gesiebt
150 g Zucker
1 Pck. Vanillezucker
2½ TL Backpulver
1 Prise Salz
2 mittelgroße Eier, getrennt
250 ml Vollmilch
175 g Butter, geschmolzen
1–2 EL Hagelzucker zum Garnieren

ZUBEREITUNG

- Das Waffeleisen nach den Anweisungen des Herstellers vorheizen und mit Öl einfetten.
- Mehl, Zucker, Vanillezucker, Backpulver und Salz in eine große Schüssel geben und kurz vermengen.
- Das Eigelb in einer separaten Schüssel schlagen, Milch und Butter zufügen und nochmals kurz schlagen. Mit der Mehlmischung zu einem glatten Teig verrühren.
- Das Eiweiß steif schlagen und unter den Teig ziehen.
- Den Teig auf das vorgewärmte Waffeleisen löffeln und backen, bis die Waffeln goldbraun sind.
- Kurz auf einem Gitter abkühlen lassen und mit Hagelzucker bestreut servieren.

Kirsch-Clafautis

Portionen: 4   Vorbereitungszeit: 10–15 Minuten   Backzeit: 22–25 Minuten

ZUTATEN

250 ml Vollmilch
55 ml Schlagsahne
110 g Zucker
1 Pck. Vanillezucker
2 EL Kirschwasser (optional)
1 Prise Salz
6 große Eier
125 g Mehl
300 g Kirschen
1 EL Puderzucker

ZUBEREITUNG

- Den Backofen auf 200 °C (180 °C Umluft) vorheizen.
- Milch, Sahne, Zucker, Vanillezucker, Kirschwasser, Salz und Eier vermengen.
- Das Mehl zufügen und zu einem Teig verrühren.
- Den Teig auf vier einzelne Backformen aufteilen und die Kirschen hineindrücken.
- 22–25 Minuten backen, bis die Kuchen oben goldbraun sind.
- Aus dem Ofen nehmen und auf einem Gitter leicht abkühlen lassen. Vor dem Servieren mit Puderzucker bestäuben.

Pulled-Pork-Wraps

Frische Zutaten

NORD- UND MITTEL- AMERIKA

Ein köstlicher Leckerbissen

Heidelbeer-Muffins

Huevos Rancheros

Portionen: 4   Vorbereitungszeit: 15 Minuten   Kochzeit: 15–20 Minuten

ZUTATEN

55 ml Olivenöl
1 Knoblauchzehe, gehackt
1 große Zwiebel, fein gehackt
1 große rote Paprika, gewürfelt
1 EL geräuchertes Paprikapulver
1 Prise Cayennepfeffer
600 g gehackte Tomaten aus der Dose
4 mittelgroße Eier
1 kleine Handvoll Basilikumblätter zum
  Garnieren
Salz und frisch gemahlener Pfeffer

ZUBEREITUNG

- Die Hälfte des Öls in einem Topf bei mittlerer Hitze erhitzen, die Zwiebeln, den Knoblauch, die Paprika und ein wenig Salz hinzufügen und 5–6 Minuten dünsten, bis sie weich sind.

- Die Gewürze dazurühren, 1 Minute kochen und die Tomaten zufügen.

- 6–7 Minuten unter gelegentlichem Rühren kochen, bis die Sauce etwas eingedickt ist und mit Salz und Pfeffer abschmecken.

- Das restliche Öl in einer großen Pfanne bei mittlerer Hitze erhitzen, bis es heiß ist. Die Eier einzeln in die Pfanne schlagen und 3–4 Minuten braten, bis die Spiegeleier fest sind.

- Den Tomaten- und Paprika-Eintopf in Schalen anrichten und je ein Spiegelei darüberlegen. Salzen und pfeffern und mit Basilikum garniert servieren.

Pastrami-Sandwich

Portionen: 4   Zubereitungszeit: 5–10 Minuten

ZUTATEN

55 g Naturjoghurt
2 EL Dijon-Senf
2 EL Mayonnaise
1 Spritzer Zitronensaft
8 Scheiben weißes Sandwichbrot
350 g Pastrami, in Scheiben geschnitten
3 große Essiggurken, in lange Scheiben
    geschnitten
Salz und frisch gemahlener schwarzer
    Pfeffer

ZUBEREITUNG

- Joghurt, Senf, Mayonnaise, Zitronensaft und etwas
  Salz und Pfeffer glatt rühren.
- Die Hälfte der Brotscheiben mit der Mischung
  bestreichen und mit Pastrami und Gurken belegen.
- Jeweils mit einer weiteren Brotscheibe zudecken.

Pulled-Pork-Wrap

Portionen: 4   Vorbereitungszeit: 15–20 Minuten   Kochzeit: 15–20 Minuten

ZUTATEN

2 EL Sonnenblumenöl
1 Zwiebel, fein gehackt
3 Knoblauchzehen, gehackt
1 TL gemahlener Kreuzkümmel
1 Prise Zimt
1 Prise Cayennepfeffer
100 ml Tomatenketchup
100 ml Apfelessig
2 EL brauner Zucker
450 ml Hühnerbrühe
800 g Schweineschulter, gekocht
75 g Barbecue-Sauce
200 g gehackte Tomaten aus der Dose
1 Prise Zucker
2 EL Branntweinessig
1 Knoblauchzehe, gehackt
1 kleines Bund Koriander, fein gehackt
4 große Wraps
100 g Gouda, gerieben
1 Avocado, entkernt und in Scheiben
    geschnitten
2 Limetten, geviertelt
Salz und frisch gemahlener schwarzer
    Pfeffer

ZUBEREITUNG

- Das Öl in einer großen Auflaufform bei mäßiger Hitze erhitzen, bis es heiß ist.

- Zwiebeln, Knoblauch und etwas Salz und Pfeffer zufügen und glasig dünsten.

- Die Gewürze zufügen, gut umrühren und 1 weitere Minute dünsten, dann den Ketchup, den Essig, den Zucker und die Brühe zufügen.

- Zum Köcheln bringen, gut umrühren und das Schweinefleisch zufügen. 15–20 Minuten sanft köcheln lassen, bis das Fleisch etwas Sauce aufgenommen hat.

- Das Fleisch mit zwei Gabeln zerkleinern, die Barbecue-Sauce dazu rühren und mit Salz und Pfeffer abschmecken.

- Die Tomaten, den Zucker, den Essig, den Knoblauch und den Koriander in einer kleinen Schüssel mischen und mit Salz und Pfeffer abschmecken.

- Das Fleisch, den Käse, die Avocados und die vorbereitete Sauce in der Mitte der Wraps platzieren, die Kanten einschlagen und aufrollen.

- Mit Limette servieren.

Käse-Makkaroni

Portionen: 4   Vorbereitungszeit: 20 Minuten   Kochzeit: 18–20 Minuten

ZUTATEN

350 g Makkaroni
75 g Butter
75 g Mehl
750 ml Vollmilch
2 kleine Eigelb
225 g Gouda, gerieben
1 kleine Handvoll Basilikumblätter zum
   Garnieren
Salz und frisch gemahlener schwarzer
   Pfeffer

ZUBEREITUNG

- Den Backofen auf 200 °C (180 °C Umluft) vorheizen.

- Die Makkaroni in einem großen Topf mit gesalzenem Wasser 8 Minuten kochen. Abtropfen lassen und in lauwarmem Wasser abschrecken.

- Die Butter in einem großen Topf bei mäßiger Hitze schmelzen, dann das Mehl darin anschwitzen und goldbraun braten.

- Die Milch langsam, aber stetig einrühren, bis sie eindickt. 5 Minuten köcheln, das Eigelb, die Hälfte des Käses und etwas Salz und Pfeffer dazu rühren.

- Die Makkaroni abtropfen lassen, zur Käsesauce zufügen und unterrühren.

- Auf vier Gratinformen verteilen, den restlichen Käse darüberstreuen und 18–20 Minuten goldbraun und backen.

- Aus dem Ofen nehmen, kurz stehen lassen mit Basilikum garniert servieren.

Sämige Muschelsuppe

Portionen: 4   Vorbereitungszeit: 15 Minuten   Kochzeit: 25 Minuten

ZUTATEN

3 EL Butter
100 g Speck, gewürfelt
1 kleine Zwiebel, fein gehackt
2 Selleriestangen, in Stückchen geschnitten
1 Knoblauchzehe, gehackt
1 große weiße Kartoffel, geschält und fein
    gewürfelt
450 g Venusmuscheln, gewaschen und
    abgetropft
1 l Gemüsebrühe
150 g Schlagsahne
einige Thymianzweige
Salz und frisch gemahlener Pfeffer

ZUBEREITUNG

- 1 Esslöffel Butter in einem großen Topf bei mittlerer Hitze schmelzen, bis die Butter heiß ist.

- Die Speckwürfel zufügen und anbraten, bis sie goldbraun und knusprig sind und auf einem mit Küchenpapier belegten Teller beiseite stellen.

- Die restliche Butter in die Pfanne geben und schmelzen lassen, die Zwiebeln, den Sellerie, den Knoblauch, die Kartoffeln und ein wenig Salz zufügen.

- 8–10 Minuten dünsten, bis die Kartoffeln weich sind und die Muscheln, die Brühe und drei Viertel der Speckwürfel zufügen.

- Zum Köcheln bringen und mit einem Deckel zudecken. 6–8 Minuten kochen, bis sich die Muscheln öffnen. Alle entsorgen, die sich nicht öffnen.

- Die Sahne zufügen und die Suppe wieder zum Köcheln bringen, dann mit Gewürzen abschmecken.

- In Schalen anrichten und mit Thymian und den restlichen Schinkenwürfeln garniert servieren.

Caesar-Salat

Portionen: 4   Vorbereitungszeit: 10 Minuten   Kochzeit: 18–22 Minuten

ZUTATEN

2 große Hähnchenbrustfilets
2 EL Sonnenblumenöl
4 Mini-Romanasalate
1 Tomate, fein geschnitten
1 kleine Zwiebel, fein geschnitten
2 große Handvoll Croûtons
110 g Caesar-Dressing
einige Stängel glatte Petersilie zum
    Garnieren
Salz und frisch gemahlener Pfeffer

ZUBEREITUNG

- Eine Grillpfanne bei mäßiger Hitze erhitzen, das Huhn mit Öl bestreichen und großzügig salzen und pfeffern.

- In der Pfanne 18–22 Minuten braten, gelegentlich wenden, bis das Huhn sich bräunt und gar sind. Das Fleischthermometer sollte mindestens 74 °C anzeigen.

- Das Huhn 5 Minuten ruhen lassen, dann in Streifen schneiden.

- Den Salat auf den Tellern verteilen, mit Hähnchenbruststreifen, Tomaten, Zwiebeln und Croûtons anrichten und mit Dressing beträufeln.

- Sofort mit Petersilie garniert servieren.

Krebsküchlein

Portionen: 4   Vorbereitungszeit: 25–30 Minuten   Kochzeit: 9–12 Minuten

ZUTATEN

400 g Krebsfleisch, abgetropft
2 Frühlingszwiebeln, fein gehackt
1 kleines Bund Koriander, fein gehackt
1 mittelgroßes Eiweiß, leicht geschlagen
2 EL dunkle Sojasauce
110 ml Erdnuss- oder Sonnenblumenöl
süße Chilisauce zum Servieren

ZUBEREITUNG

- Die Frühlingszwiebeln, den Koriander, das Eiweiß und die Sojasauce zufügen und 2–3 Minuten sanft kneten.
- Die Mischung zu kleinen Kuchen formen und auf ein mit Backpapier belegtes Blech legen.
- Etwas Öl in einer großen Pfanne bei mäßiger Hitze erhitzen, bis es heiß ist. Die Kuchen 3–4 Minuten frittieren, bis sie auf beiden Seiten goldbraun sind.
- Die Krebsküchlein auf Küchenpapier abtropfen lassen. Zum Frittieren der nächsten Kuchen ein wenig frisches Öl in die Pfanne gießen.
- Zu den Krebsküchlein Chilisauce in kleinen Dipschalen reichen.

Hähnchen-Fajitas

Portionen: 4   Vorbereitungszeit: 15 Minuten   Kochzeit: 15 Minuten

ZUTATEN

4 Schnittlauchstengel
3 EL Sonnenblumenöl
1 große Zwiebel, fein geschnitten
2 Knoblauchzehen, fein gehackt
2 große Hähnchenbrustfilets, in Scheiben
    geschnitten
2 TL gemahlener Kreuzkümmel
1 EL geräuchertes Paprikapulver
½ TL Chilipulver
1 Prise Zucker
2 reife Avocados, entkernt und gewürfelt
1 Limette, Saft
4 große Wraps
1 rote Paprika, fein gewürfelt
75 g Gouda gerieben
Salz und frisch gemahlener schwarzer
    Pfeffer

ZUBEREITUNG

- Den Schnittlauch in einem Topf mit kochendem Wasser 10 Sekunden blanchieren, herausnehmen und in Eiswasser abschrecken.

- Das Öl in einer großen Pfanne bei mäßiger Hitze erhitzen, bis es heiß ist.

- Die Zwiebeln und den Knoblauch zufügen und 3–4 Minuten andünsten, dann das Huhn zufügen.

- Weiter braten, bis das Huhn goldbraun und gar ist. Gewürze, Zucker und etwas Salz und Pfeffer darüberstreuen und gut umrühren.

- Bei reduzierter Hitze 1 weitere Minute kochen lassen, dann beiseitestellen.

- Die Avocados mit dem Limettensaft und den Gewürzen glatt pürieren.

- Die Avocados in der Mitte der Wraps verteilen, dann das Huhn darüber verteilen.

- Die Paprika und den Käse darüber anrichten, einrollen und mit den Schnittlauchstielen zusammenbinden.

- Sofort servieren.

Karamellpudding

Portionen: 4   Vorbereitungszeit: 15–20 Minuten   Backzeit: 40–45 Minuten

ZUTATEN

275 g Zucker
55 ml Wasser
4 mittelgroße Eier
1 mittelgroßes Eigelb
500 ml Vollmilch
2 Pck. Vanillezucker
1 kleine Handvoll Minzblätter zum Garnieren

ZUBEREITUNG

- Den Backofen auf 150 °C (130 °C Umluft) vorheizen.

- 150 g Zucker mit dem Wasser in einem Topf bei mäßiger Hitze kochen, die Pfanne gelegentlich kreisend schwingen, bis ein goldbraunes Karamell entsteht.

- Das Karamell auf den Boden einer runden Keramikbackform (18 cm) gießen, diese kippen, um den Boden gleichmäßig zu bedecken und dann beiseitestellen.

- Die Eier, das Eigelb, den restlichen Zucker und Vanillezucker in einer Schüssel glatt rühren, nochmals kurz rühren und in einen Krug gießen.

- Die Mischung über das Karamell gießen und die Schale in einen Bräter stellen, der mit einem feuchten Geschirrtuch belegt ist.

- Den Bräter mit kochendem Wasser füllen, sodass die Seiten der Backform zur Hälfte im Wasser stehen.

- Den Pudding 40–45 Minuten backen, bis er fest wird, aus dem Ofen nehmen und abkühlen lassen.

- Nach dem Abkühlen den Pudding sorgfältig auf eine Servierplatte stürzen und mit Minzblättern garnieren.

Heidelbeer-Muffins

Ergibt: 18   Vorbereitungszeit: 10–15 Minuten   Backzeit: 18–22 Minuten

ZUTATEN

450 g Mehl, gesiebt
1 TL Backpulver
½ TL Natron
1 Prise Salz
225 g Zucker
1 Pck. Vanillezucker
75 g Butter, geschmolzen und abgekühlt
125 g Naturjoghurt
2 mittelgroße Eier
250 g Heidelbeeren
etwas Margarine zum Einfetten

ZUBEREITUNG

- Den Backofen auf 180 °C (160 °C Umluft) vorheizen und 18 Vertiefungen von zwei 12-Loch-Muffinformen einfetten.
- Mehl, Backpulver, Natron, Salz, Zucker und Vanillezucker, in einer großen Schüssel vermengen.
- In einer separaten Schüssel Butter, Joghurt und Eier glatt rühren.
- Zu den trockenen Zutaten zufügen und darunterziehen, bis ein Teig entsteht, aber nicht zu lange vermengen.
- Vorsichtig die Heidelbeeren darunterziehen und den Teig auf die 18 Vertiefungen verteilen.
- 18–22 Minuten backen, bis die Muffins aufgegangen und goldbraun sind. Mit einem Holzstäbchen in einen Muffin stechen. Es dürfen keine Teigreste mehr daran haften.
- Vor dem Herausnehmen die Formen auf einem Gitter kurz auskühlen lassen.

Steak an
Chimichurri-Sauce

Verabredung am Abend

SÜDAMERIKA & DIE KARIBIK

Mutters freitägliches Abendessen

Jamaikanischer Ingwerkuchen

Ceviche

Portionen: 6   Zubereitungszeit: 40 Minuten

ZUTATEN

1 kleines Bund Koriander
300 g Kabeljaufilet ohne Haut, entgrätet
300 g Lachsfilet ohne Haut, entgrätet
2 Limetten, Saft
½ kleine rote Chili, entkernt und fein gehackt
1 große Avocado, entkernt und fein gewürfelt
1 TL Koriandersamen, gemahlen
Salz und frisch gemahlener schwarzer
    Pfeffer

ZUBEREITUNG

- Ein paar Korianderstängel beiseite legen. Die restlichen Blätter fein hacken und in eine Schüssel geben.
- Den Fisch, den Limettensaft, die Chilis, die Avocados und die Koriandersamen zufügen, salzen und pfeffern.
- Gut mischen, zudecken und 30 Minuten kalt stellen.
- In Förmchen gefüllt und mit Korianderstengeln garniert kalt servieren.

Steak an Chimichurri-Sauce

Portionen: 4   Vorbereitungszeit: 20 Minuten   Kochzeit: 45–50 Minuten

ZUTATEN

450 g neue Kartoffeln
3 EL Olivenöl
3 EL Rotweinessig
1 Schalotte, fein gehackt
2 rote Chilis, entkernt und fein gehackt
3 Knoblauchzehen, gehackt
1 kleines Bund Koriander, fein gehackt
1 kleine Handvoll Oregano, fein gehackt
150 ml extra natives Olivenöl
2 × 300 g Entrecôte, zurechtgeschnitten
2 EL Erdnussöl
1 EL Butter, gewürfelt
150 g Spargelstangen, die hölzernen Enden
    abgeschnitten
flockiges Meersalz und frisch gemahlener
    Pfeffer

ZUBEREITUNG

- Den Backofen auf 200 °C (180 °C Umluft) vorheizen.
- Die Kartoffeln in einen Bräter legen, mit 1 Esslöffel des Öls beträufeln und mit Salz und Pfeffer würzen.
- 45–50 Minuten braten, bis die Kartoffeln innen weich und außen knusprig sind.
- Die Chimichurri durch Verrühren des Rotweinessigs, der Schalotten, der Chilis, des Knoblauchs und den Kräutern mit dem restlichen Olivenöl zubereiten. Mit Salz und Pfeffer abschmecken und beiseitestellen.
- In der Zwischenzeit eine gusseiserne Pfanne bei starker Hitze erhitzen, bis sie heiß ist. Die Entrecôtes mit Erdnussöl bestreichen und mit Salz und Pfeffer würzen.
- In der Pfanne kurz 3 Minuten anbraten, dann wenden und 1 weitere Minute braten. Dann 6–8 Minuten in den Ofen schieben oder bis das Fleisch mindestens 60 °C auf einem Fleischthermometer erreicht.
- Aus dem Ofen nehmen und mit Küchenfolie lose bedeckt auf einer Platte 10 Minuten ruhen lassen.
- Den Spargel in die Pfanne geben, Butterflocken darüber geben und mit Salz und Pfeffer abschmecken. Im Ofen 4 Minuten braten.
- Den Spargel und die Kartoffeln herausnehmen, wenn sie gar sind.
- Die Entrecôtes schneiden, mit dem Spargel und den Kartoffeln anrichten und zusammen mit der in Schalen angerichteten Chimichurri-Sauce servieren.

Hähnchen-Accras

Portionen: 4   Vorbereitungszeit: 15 Minuten   Kochzeit: 8–10 Minuten

ZUTATEN

1,25 l Pflanzenöl, und etwas mehr zum
    Formen
1 kleines Bund Koriander, gepflückte Blätter
600 g Hähnchenfleisch, in kleine Stücke
    geschnitten
75 g Kokosraspeln, und etwas mehr zum
    Garnieren
2 Frühlingszwiebeln, fein geschnitten
225 g japanisches Panko-Paniermehl
2 EL gesalzene Erdnüsse, zerkleinert
Salz und frisch gemahlener schwarzer
    Pfeffer

ZUBEREITUNG

- Das Öl in einem großen, schweren Topf auf 180 °C
  erhitzen.

- Drei Viertel der Korianderblätter fein hacken und mit
  dem Huhn, den Kokosraspeln, den Frühlingszwiebeln
  und etwas Salz und Pfeffer in einer großen Schüssel
  vermengen.

- Jeweils einen Esslöffel der Mischung mit geölten
  Handflächen zu einer Kugel formen.

- Zum Beschichten in Paniermehl rollen und
  4–5 Minuten frittieren, bis die Kugeln goldbraun sind.

- Auf Küchenpapier abtropfen lassen und mit
  Kokosraspeln, Erdnüssen und den restlichen
  Korianderblättern garniert servieren.

Rinder-Tacos

Portionen: 4   Vorbereitungszeit: 25 Minuten   Kochzeit: 15–20 Minuten

ZUTATEN

3 EL Sonnenblumenöl
500 g mageres Rinderhackfleisch
1 EL gemahlener Kreuzkümmel
1 TL gemahlener Koriander
2 EL geräuchertes Paprikapulver
1 Prise Zucker
200 g gehackte Tomaten aus der Dose
200 g Kidneybohnen aus der Dose, abgetropft
125 ml Rinderbrühe
2 große, reife Avocados, entkernt und
 gewürfelt
½ rote Zwiebel, fein gehackt
1 Limette, Saft
1 Spritzer Tabasco-Sauce
1 rote Paprika, entkernt und fein gewürfelt
1 kleine Gurke, entkernt und fein gewürfelt
½ Eisbergsalat, zerkleinert
½ rote Zwiebel, fein gehackt
1 kleine Handvoll Koriander, fein gehackt
1 Zitrone, Saft
4 große Mais-Tacos
100 g Gouda, gerieben
Salz und frisch gemahlener schwarzer
 Pfeffer

ZUBEREITUNG

- Das Öl in einer großen Auflaufform bei mäßiger Hitze erhitzen, bis es heiß ist. Das Hackfleisch zufügen gut anbraten und salzen und pfeffern.

- Die Gewürze und den Zucker zufügen, dann gut umrühren und 1 Minute kochen.

- Die Tomaten, die Bohnen und die Brühe dazu rühren. Die Mischung zum Köcheln bringen, die Hitze reduzieren und 15–20 Minuten sanft köcheln lassen.

- Mit Salz und Pfeffer abschmecken und beiseite gestellt leicht abkühlen lassen.

- Die Avocados, die Zwiebeln, den Limettensaft und die Tabasco-Sauce zu einer Guacamole pürieren, abschmecken und beiseite stellen.

- Die Paprika, die Gurke, den Salat, die Zwiebeln und den Koriander mit dem Zitronensaft und etwas Salz und Pfeffer in einer Schüssel mischen.

- Das Hackfleisch in die Tacos geben und den Salat darüber verteilen.

- Mit dem Käse und der Guacamole servieren.

Pikanter Fischeintopf

Portionen: 4   Vorbereitungszeit: 15 Minuten   Kochzeit: 20 Minuten

ZUTATEN

2 EL Olivenöl
2 Knoblauchzehen, gehackt
1 kleine rote Chili, entkernt und fein gehackt
225 g Kritharaki oder Ptitim
225 g Baby-Flaschentomaten
750 ml Fischbrühe
225 g Passata (Tomatenpüree)
300 g Venusmuscheln, gewaschen und
   abgetropft
225 g Tintenfischringe
350 g Thunfisch-Steak
1 EL Erdnussöl
1 kleine Handvoll Minzblätter
Salz und frisch gemahlener schwarzer
   Pfeffer

ZUBEREITUNG

- Das Olivenöl in einer Auflaufform bei mittlerer Hitze erhitzen, bis es heiß ist und den Knoblauch, die Chilis und die Kritharaki zufügen.
- 4–5 Minuten kochen, dabei gelegentlich umrühren, dann die Flaschentomaten zufügen.
- Mit der Brühe und dem Tomatenpüree bedecken. Zum Köcheln bringen und die Muscheln und die Tintenfischringe zufügen.
- Zugedeckt bei reduzierter Hitze 8–10 Minuten kochen, bis die Muscheln offen sind und der Tintenfisch zart ist. Alle Muscheln entsorgen, die sich nicht geöffnet haben.
- In der Zwischenzeit eine Pfanne bei mäßiger Hitze erhitzen, bis sie heiß ist. Den Thunfisch mit Erdnussöl bestreichen und mit Salz und Pfeffer würzen.
- Den Thunfisch kurz auf jeder Seite 1 Minute goldbraun braten, aus der Pfanne nehmen und kurz ruhen lassen, in Stücke schneiden und in den Eintopf geben.
- Den Eintopf mit Salz und Pfeffer abschmecken, in Schalen anrichten und mit Minze garniert servieren.

Jerk-Hähnchen

Portionen: 4   Vorbereitungszeit: 20 Minuten   Kochzeit: 25–30 Minuten

ZUTATEN

4 kleine Hähnchenbrüste
3 EL Sonnenblumenöl
2 EL Jerk-Gewürzmischung
½ kleiner Butternuss-Kürbis, geschält und
    gewürfelt
250 g Basmatireis, gründlich gespült und
    abgetropft
400 g schwarze Bohnen aus der Dose,
    abgetropft
675 ml Hühnerbrühe
1 Limette, geviertelt
Salz und frisch gemahlener schwarzer
    Pfeffer

ZUBEREITUNG

- Den Backofen auf 190 °C (170 °C Umluft) vorheizen und ein Backblech mit Aluminiumfolie belegen.
- Das Huhn mit 2 Esslöffeln Öl bestreichen, mit der Gewürzmischung bestreuen und auf das Backblech legen.
- 25-30 Minuten backen, bis es außen fest ist.
- Inzwischen das restliche Öl in einem großen Topf bei mittlerer Hitze erhitzen, bis es heiß ist.
- Den Kürbis zufügen und 2–3 Minuten kurz anbraten, den Reis zufügen und unter gelegentlichem Umrühren weitere 2 Minuten kochen lassen. Bohnen und Brühe zugeben.
- Zum Kochen bringen, mit einem Deckel zudecken und bei reduzierter Hitze 15-20 Minuten kochen, bis der Reis und die Bohnen weich sind.
- Sobald der Reis die Brühe aufgenommen hat, vom Herd nehmen und 5–10 Minuten zugedeckt lassen, mit einer Gabel auflockern und mit Salz und Pfeffer abschmecken.
- Das Huhn herausnehmen, sobald es gar ist, und 5 Minuten ruhen lassen.
- Den Reis in Schalen geben und das Huhn darüber anrichten und mit Limettenvierteln servieren.

Jamaikanischer Ingwerkuchen

Portionen: 8   Vorbereitungszeit: 15 Minuten   Kochzeit: 1 Stunde 15–25 Minuten

ZUTATEN

175 g Mehl
1 TL gemahlener Ingwer
½ TL Zimt
1 Prise Salz
150 g Zuckerrohrsirup
75 ml warmes Wasser
85 g brauner Zucker
75 g Butter, weich
2 cm Ingwer, geschält und geraspelt
1 großes Ei, geschlagen
2 EL Vollmilch
½ TL Natron
kandierte Orangenschalen zum Garnieren

ZUBEREITUNG

- Den Backofen auf 170 °C (150 °C Umluft) vorheizen und eine Kastenform mit Backpapier auslegen.
- Das Mehl, die gemahlenen Gewürze und das Salz in eine große Schüssel sieben und beiseitestellen.
- Den Sirup, das Wasser, den Zucker, die Butter und den Ingwer in einen großen Topf geben.
- Bei mittlerer Hitze kochen, bis eine sirupartige Flüssigkeit entsteht, den Sirup unter die Mehlmischung rühren, bis der Teig glatt ist.
- Erst das Ei und anschließend Milch und Natron nach und nach dazu rühren.
- Den Teig in die vorbereitete Form geben und 1 Stunde 15–25 Minuten backen, bis er aufgegangen ist. Mit einem Holzstäbchen in den Kuchen stechen. Wenn keine Teigreste mehr daran haften bleiben, ist der Kuchen fertig.
- Auf einem Gitter abkühlen lassen, aus der Form herausnehmen und mit kandierten Orangenschalen garniert servieren.

Kokos-Manjar

Portionen: 4   Vorbereitungszeit: 2 Stunden 15 Minuten   Kochzeit: 20 Minuten

ZUTATEN

1 l Vollmilch
250 ml Kokosmilch
1 EL Speisestärke
1 Pck. Vanillezucker
1 EL Pflanzenöl zum Einfetten
1 TL flüssige Glucose, erwärmt
2 EL Silberperlen zum Garnieren
55 g Kokosraspeln
Keksstäbchen weiße Schokolade zum
    Garnieren

ZUBEREITUNG

- Die Milch, die Kokosmilch, die Speisestärke und den Vanillezucker in einen Topf geben.
- Verquirlen, bis sich die Speisestärke auflöst, dann bei mittlerer Hitze zum Köcheln bringen.
- Unter häufigem Rühren 12–15 Minuten köcheln, bis eine dicke Sauce entsteht.
- Vier Dessertformen mit dem Öl einfetten. Die Sauce auf die vier Formen verteilen und 15 Minuten abkühlen lassen.
- Die Formen zudecken und 2 Stunden abkühlen lassen oder bis die Sauce fest ist.
- Die Keksstäbchen mit flüssiger Glucose bestreichen, dann die eine Hälfte in den Silberperlen und die andere Hälfte in den Kokosraspeln rollen.
- Zum Servieren die Manjars auf Dessertteller stürzen und mit den restlichen Kokosraspeln und Silberperlen sowie den Keksstäbchen dekorieren.

Index

BILDNACHWEIS

4–5 Lew Robertson / Getty Images, 9 (tr) DEA Picture Library / Getty Images
3, 6, 7, 8-9, 30–31, 62–63, 86–87, 108–109 © Thinkstock / Getty Images
Fotos und Rezeptentwicklung: PhotoCuisine UK und StockFood